월
화
수
목
금
토
일

글 유가은

대학에서 유아교육을 전공했습니다.
어린이를 위한 글을 쓰기 위해 '어린이책 작가교실'에서 공부했습니다.
지금은 어린이들과 함께 책 놀이를 하는 선생님으로 활동하면서
이 세상 곳곳에 숨어 있는 재미난 이야기들을 열심히 찾고 있답니다.

그림 김민영

서울산업대학교에서 시각디자인을 공부했습니다.
여행하면서 겪은 재미있는 일들을 그리고 싶어 그림책 작업을 시작했습니다.
그린 책으로는 〈세상을 밝힌 천재 – 에디슨〉, 〈미미는 똑똑한 멋쟁이〉, 〈우리는 옷이 좋아〉 등이 있고,
바느질하기를 좋아해 수를 놓고 천을 붙여 그림을 그립니다.

감수 신항균

성균관대학교 대학원 수학과를 졸업했습니다.
공군사관학교와 우석대학교 교수를 역임했고,
미국 애리조나 주립대학교 수학과 교환교수로도 활동한 바 있습니다.
지금은 서울교육대학교 수학교육과 교수로 재직 중이며,
동 대학교 초등수학교육연구소장으로 있습니다.
또한 서울교육대학교 영재교육원 운영위원으로도 활동하고 있습니다.
초등학교와 중학교, 고등학교에 이르기까지 수학교과서 집필책임교수로 활동했고,
저서로는 〈수학사와 수학이야기〉, 〈클릭 수학나라〉, 〈영재들의 1등급 수학교실 시리즈〉가 있습니다.

2단계 일주일 29

할머니의 요술 주머니

글 **유가은** 그림 **김민영** 감수 **신항균**

펴낸곳 **(주)아람키즈** | 펴낸이 **이소영** | 주소 **서울특별시 성동구 성수이로 147 아이에스비즈타워 2F**

고객센터 **1644-4521** | 팩스 **02-468-5548** | 홈페이지 **www.aramkids.co.kr** | 출판등록 **제2020-000011호**

기획 편집 디자인 **(주)아람키즈 하늘땅**

ISBN **979-11-6543-570-7 979-11-6543-509-7(세트)**

할머니의 요술 주머니

글 유가은 · 그림 김민영 · 감수 신항균

아람키즈

우리 할머니는 요술쟁이!
일 년에 딱 한 번만 요술을 부린답니다.
그때가 바로 내 생일이에요.

우리 할머니 요술의 비밀은 바로 주머니에 있어요.

내 말도, 엄마 말도 안 들으면서
할머니 말만 듣는 요술 주머니!

"할머니, 주머니 안에 무엇이 들어 있어요?"
"그건 비밀이지! 오늘부터 딱 *일주일을 기다리면 알게 될 거야."
"몇 밤 자면 일주일이 되는데요?"
"오늘이 월요일이니까 화요일, 수요일, 목요일, 금요일, 토요일, 일요일.
여섯 밤만 자면 일요일이 되지."

오늘은 *월요일!
하루 종일 할머니의
요술 주머니 생각뿐이에요.

월요일에서 한 밤이 지나자 *__화요일__이 되었어요.
할머니의 요술 주머니가 조금 부풀었어요.

"아빠! 주머니 안에 무엇이 들어 있는지 아세요?"

"음, 글쎄. 장난감이 들어 있나?"

"아니, 아닐 거예요. 장난감은 지금도 많은걸요."

일 월 화 수 목 금 토
1 2 3 4 5 6
7

월요일에서 두 밤이 지나자 ***수요일**이 되었어요.
요술 주머니가 조금 더 부풀었어요.

몰래몰래 콕 찔러 보니 푹신푹신!

"엄마! 주머니가 푹신푹신해요. 무엇인지 아세요?"

"글쎄다, 푹신푹신 ***쿠션**인가?"

"아니, 아닐 거예요. 난 쿠션이 필요 없는걸요."

일 월 화 수 목 금 토
1 2 3 4 5 6
7
월
화
수
목
금

월요일에서 세 밤이 지나자 ***목요일**이 되었어요.
주머니는 어제보다 훨씬 더 부풀었어요.

살금살금 다가가니 이리 꿈틀, 저리 꿈틀.

“오빠! 주머니 안에 무엇이 들어 있는지 알아?”

“글쎄, 무시무시한 뱀인가 보다!”

“아니야, 아닐 거야. 뱀은 너무 무서워.”

부풀었어요, 부풀었어요.
어제보다 더 많이 부풀었어요!
*__금요일__이 되자
할머니의 주머니가 *__낙하산__만큼 커졌어요.

오늘은 주머니가 터질 듯이 부풀었어요!

"할머니, 할머니! **일주일** 다 됐죠?"

"아니지. 월요일에서 다섯 밤이 지났으니까

화요일, 수요일, 목요일, 금요일, 토요일.

오늘은 ***토요일**이야. 하루만 더 기다리렴."

드디어 한 밤이 더 지났어요.
모두 여섯 밤을 잤으니 일주일이 된 거예요.
주머니에는 무엇이 들어 있을까요?

일 월 화 수 목 금 토
7 1 2 3 4 5 6

"할머니! 오늘이에요, 오늘!"

"호호호, 그래!

오늘이 월요일부터 딱 일주일이 되는

*일요일이란다.

어디 한번 주머니를 터뜨려 볼까?"

할머니가 *바늘을 꺼내어 요술 주머니를 찔렀어요.

"링가링가 링가링 뽀로롱, 후~! 주머니야, 열려라!"

커다란 요술 주머니가 펑!
"앗, 할머니!
연기 때문에 아무것도 안 보여요."

요술 주머니에서 짠 하고 나타난 것은
내가 늘 꿈꾸던 생일 파티였답니다!

BIRTHDA

엄마가 보기

일주일에 대해 알아보아요

일주일은 **월요일, 화요일, 수요일, 목요일, 금요일, 토요일, 일요일**을 모두 합친 **7일 동안의 시간**을 뜻합니다. 일주일이라는 추상적인 시간 개념을 아이가 한 번에 이해하기는 어렵습니다. 아이들은 보통 하루 단위의 계획을 이해하면서 점차 일주일이라는 단위를 알게 되지요.

일주일 중 하루를 도서관 가는 날로 정하고 주간 계획표를 만들어 보세요. 혹은 아이가 관심을 가질 법한 아이의 생일, 소풍 가는 날 등을 달력에 표시해 보세요. 앞으로 며칠이 지나야 하는지를 이야기하면서 시간의 흐름을 느끼게 하는 것도 좋습니다.
더불어 토요일과 일요일은 주말이고, 주말에는 어린이집이나 유치원에 가지 않는 날이라는 점을 설명해 주세요. 또 주말이 지나고 나서 처음으로 돌아오는 날이 월요일이 된다는 사실을 통해 시간에 대한 이해의 폭을 넓혀 주세요.

아이가 보기

할머니의 요술 주머니가 점점 커졌어요

일주일 동안 할머니의 요술 주머니가 어떻게 변했는지 보아요.

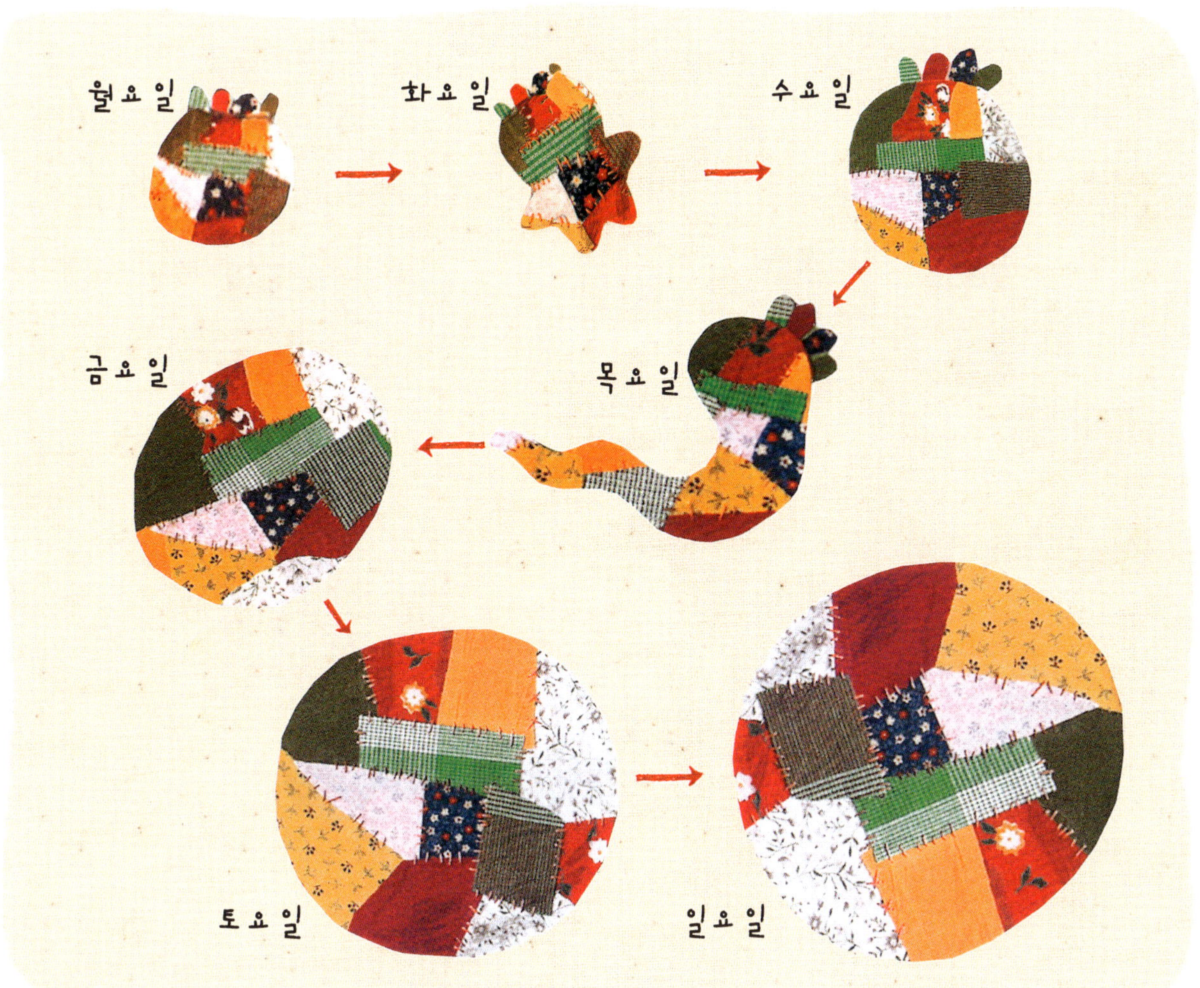

아이와 함께 하기

계획표를 만들어 보아요

일주일 동안 어떤 일을 하고 싶은지 엄마, 아빠와 이야기한 뒤, 계획표를 만들어 보아요.

요일	나의 일주일
월	
화	
수	저녁밥을 먹고 엄마, 아빠와 산책하기.
목	
금	친구 윤이와 놀이터에서 모래성 쌓기.
토	
일	

월요일마다 수영장에 간다면 한 달 동안 모두 네 번 수영장에 갈 수 있어요.
토요일마다 아빠와 자전거를 탄다면, 한 달 동안 몇 번 자전거를 탈 수 있을까요?
아빠와 자전거 타는 요일에 ○를 해서 세어 보아요.

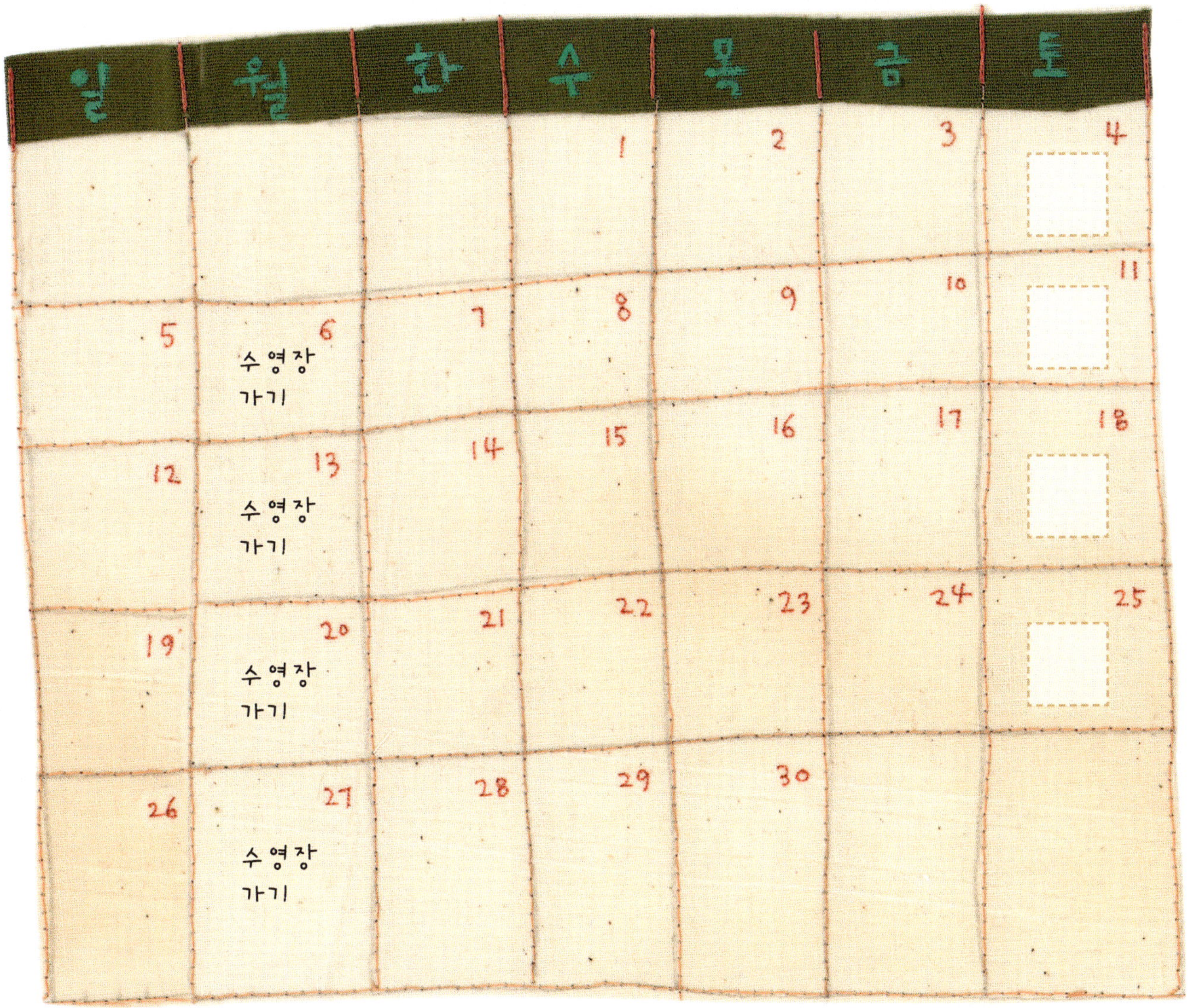